TRANZLATY

Sprache ist für alle da
言語はすべての人のためのもの

Die Schöne und das Biest

美女と野獣

Gabrielle-Suzanne Barbot de Villeneuve

Deutsch / 日本語

Copyright © 2025 Tranzlaty
All rights reserved
Published by Tranzlaty
ISBN: 978-1-80572-016-4
Original text by Gabrielle-Suzanne Barbot de Villeneuve
La Belle et la Bête
First published in French in 1740
Taken from The Blue Fairy Book (Andrew Lang)
Illustration by Walter Crane
www.tranzlaty.com

Es war einmal ein reicher Kaufmann
昔、裕福な商人がいました
dieser reiche Kaufmann hatte sechs Kinder
この裕福な商人には6人の子供がいた
Er hatte drei Söhne und drei Töchter
彼には3人の息子と3人の娘がいた
Er hat keine Kosten für ihre Ausbildung gescheut
彼は子供たちの教育に惜しみない費用をかけた
weil er ein vernünftiger Mann war
彼は賢明な人だったから
aber er gab seinen Kindern viele Diener
しかし彼は子供たちに多くの召使いを与えた
seine Töchter waren überaus hübsch
彼の娘たちはとても可愛かった
und seine jüngste Tochter war besonders hübsch
そして彼の末娘は特に可愛かった
Schon als Kind wurde ihre Schönheit bewundert
子供の頃から彼女の美しさは賞賛されていた
und die Leute nannten sie nach ihrer Schönheit
人々は彼女の美しさから彼女を呼んだ
Ihre Schönheit verblasste nicht, als sie älter wurde
彼女の美しさは年を重ねても衰えなかった
Deshalb nannten die Leute sie weiterhin wegen ihrer Schönheit
人々は彼女の美しさから彼女を呼び続けた
das machte ihre Schwestern sehr eifersüchtig
これには姉妹たちも嫉妬した
Die beiden ältesten Töchter waren sehr stolz
二人の長女は大きな誇りを持っていた
Ihr Reichtum war die Quelle ihres Stolzes
彼らの富は彼らの誇りの源であった
und sie verbargen ihren Stolz nicht
そして彼らはプライドも隠さなかった
Sie besuchten nicht die Töchter anderer Kaufleute
彼らは他の商人の娘を訪ねることはなかった

weil sie nur mit Aristokraten zusammentreffen
彼らは貴族としか会わないから
Sie gingen jeden Tag zu Partys
彼らは毎日パーティーに出かけた
Bälle, Theaterstücke, Konzerte usw.
舞踏会、演劇、コンサートなど
und sie lachten über ihre jüngste Schwester
そして彼らは末の妹を笑った
weil sie die meiste Zeit mit Lesen verbrachte
彼女はほとんどの時間を読書に費やしていたので
Es war allgemein bekannt, dass sie reich waren
彼らが裕福であることはよく知られていた
so hielten mehrere bedeutende Kaufleute um ihre Hand an
そこで何人かの著名な商人が彼らに協力を求めた
aber sie sagten, sie würden nicht heiraten
しかし彼らは結婚するつもりはないと言った
aber sie waren bereit, einige Ausnahmen zu machen
しかし、彼らはいくつかの例外を認める用意があった
„Vielleicht könnte ich einen Herzog heiraten"
「公爵と結婚できるかもしれない」
„Ich schätze, ich könnte einen Grafen heiraten"
「伯爵と結婚できるかもしれない」
Schönheit dankte sehr höflich denen, die ihr einen Antrag gemacht hatten
美女はプロポーズしてくれた人たちにとても丁寧に感謝した
Sie sagte ihnen, sie sei noch zu jung zum Heiraten
彼女は結婚するにはまだ若すぎると言った
Sie wollte noch ein paar Jahre bei ihrem Vater bleiben
彼女は父親とあと数年一緒にいたかった
Auf einmal verlor der Kaufmann sein Vermögen
突然、商人は財産を失った
er verlor alles außer einem kleinen Landhaus
彼は小さな田舎の家以外すべてを失った
und er sagte seinen Kindern mit Tränen in den Augen:

そして彼は目に涙を浮かべながら子供たちにこう言いました。

„Wir müssen aufs Land gehen"
「田舎に行かなくてはならない」

„und wir müssen für unseren Lebensunterhalt arbeiten"
「そして私たちは生活のために働かなければなりません」

die beiden ältesten Töchter wollten die Stadt nicht verlassen
二人の長女は町を離れたくなかった

Sie hatten mehrere Liebhaber in der Stadt
彼らには市内に数人の愛人がいた

und sie waren sicher, dass einer ihrer Liebhaber sie heiraten würde
そして彼らは恋人の一人が結婚してくれると確信していた

Sie dachten, ihre Liebhaber würden sie heiraten, auch wenn sie kein Vermögen hätten
彼らは財産がなくても恋人が結婚してくれると信じていた

aber die guten Damen haben sich geirrt
しかし、その善良な女性たちは間違っていた

Ihre Liebhaber verließen sie sehr schnell
彼らの恋人たちはすぐに彼らを捨てた

weil sie kein Vermögen mehr hatten
彼らにはもう財産がなかったから

das zeigte, dass sie nicht wirklich beliebt waren
これは彼らが実際にはあまり好かれていなかったことを示している

alle sagten, sie verdienen kein Mitleid
誰もが同情されるに値しないと言った

„Wir sind froh, dass ihr Stolz gedemütigt wurde"
「彼らのプライドが謙虚になったことを嬉しく思います」

„Lasst sie stolz darauf sein, Kühe zu melken"
「牛の乳搾りを誇りに思ってもらいましょう」

aber sie waren um Schönheit besorgt
しかし彼らは美を気にしていた
sie war so ein süßes Geschöpf
彼女は本当に優しい人でした
Sie sprach so freundlich zu armen Leuten
彼女は貧しい人々にとても優しく話しかけた
und sie war von solch unschuldiger Natur
彼女はとても純粋な性格だった
Mehrere Herren hätten sie geheiratet
何人かの紳士が彼女と結婚しただろう
Sie hätten sie geheiratet, obwohl sie arm war
彼女は貧しかったが、彼らは彼女と結婚しただろう
aber sie sagte ihnen, sie könne sie nicht heiraten
しかし彼女は結婚できないと言った
weil sie ihren Vater nicht verlassen wollte
彼女は父親から離れようとしなかったから
sie war entschlossen, mit ihm aufs Land zu fahren
彼女は彼と一緒に田舎へ行くことを決心した
damit sie ihn trösten und ihm helfen konnte
彼女は彼を慰め助けるために
Die arme Schönheit war zunächst sehr betrübt
最初はとても悲しかった
sie war betrübt über den Verlust ihres Vermögens
彼女は財産を失ったことを悲しんだ
„Aber Weinen wird mein Schicksal nicht ändern"
「でも泣いても運命は変わらない」
„Ich muss versuchen, ohne Reichtum glücklich zu sein"
「富がなくても幸せになれるように努力しなければならない」
Sie kamen zu ihrem Landhaus
彼らは田舎の家に来た
und der Kaufmann und seine drei Söhne widmeten sich der Landwirtschaft
商人とその3人の息子は農業に専念した
Schönheit stand um vier Uhr morgens auf

朝の4時に美が目覚めた
und sie beeilte sich, das Haus zu putzen
そして彼女は急いで家を掃除した
und sie sorgte dafür, dass das Abendessen fertig war
そして彼女は夕食の準備ができていることを確認した
ihr neues Leben fiel ihr zunächst sehr schwer
初めは彼女は新しい生活がとても困難だと感じた
weil sie diese Arbeit nicht gewohnt war
彼女はそのような仕事に慣れていなかったので
aber in weniger als zwei Monaten wurde sie stärker
しかし、2ヶ月も経たないうちに彼女は強くなった
und sie war gesünder als je zuvor
そして彼女は以前よりも健康になった
nachdem sie ihre arbeit erledigt hatte, las sie
彼女は仕事を終えた後、本を読んだ
sie spielte Cembalo
彼女はハープシコードを演奏した
oder sie sang, während sie Seide spann
あるいは絹を紡ぎながら歌った
im Gegenteil, ihre beiden Schwestern wussten nicht, wie sie ihre Zeit verbringen sollten
それどころか、彼女の二人の姉妹は時間をどう過ごすべきかを知らなかった。
Sie standen um zehn auf und taten den ganzen Tag nichts anderes als herumzufaulenzen
彼らは10時に起きて一日中何もせずに怠けていた
Sie beklagten den Verlust ihrer schönen Kleider
彼らは上等な衣服を失ったことを嘆いた
und sie beklagten sich über den Verlust ihrer Bekannten
そして彼らは知り合いを失ったことに不満を漏らした
„Schau dir unsere jüngste Schwester an", sagten sie zueinander
「私たちの末っ子の妹を見て」と彼らは互いに言った
„Was für ein armes und dummes Geschöpf sie ist"
「彼女はなんて哀れで愚かな生き物なのだろう」

„Es ist gemein, mit so wenig zufrieden zu sein"
「ほんの少しのもので満足するのは意地悪だ」
der freundliche Kaufmann war ganz anderer Meinung
親切な商人は全く違う意見を持っていた
er wusste sehr wohl, dass Schönheit ihre Schwestern übertraf
彼は彼女の美しさが姉妹たちを凌駕していることをよく知っていた
Sie übertraf sie sowohl charakterlich als auch geistig
彼女は性格的にも精神的にも彼らを凌駕していた
er bewunderte ihre Bescheidenheit und ihre harte Arbeit
彼は彼女の謙虚さと勤勉さを賞賛した
aber am meisten bewunderte er ihre Geduld
しかし何よりも彼は彼女の忍耐力に感心した
Ihre Schwestern überließen ihr die ganze Arbeit
彼女の姉妹は彼女に全ての仕事を任せた
und sie beleidigten sie ständig
そして彼らは彼女を常に侮辱した
Die Familie hatte etwa ein Jahr lang so gelebt
家族は1年ほどこのように暮らしていた
dann bekam der Kaufmann einen Brief von einem Buchhalter
すると商人は会計士から手紙を受け取った
er hatte in ein Schiff investiert
彼は船に投資していた
und das Schiff war sicher angekommen
そして船は無事に到着した
diese Nachricht ließ die beiden ältesten Töchter staunen
は二人の長女を驚かせた
Sie hatten sofort die Hoffnung, in die Stadt zurückzukehren
彼らはすぐに町に戻ることを希望した
weil sie des Landlebens überdrüssig waren
彼らは田舎暮らしにかなり飽きていたので
Sie gingen zu ihrem Vater, als er ging
彼らは父親が去ろうとしているところへ行った

Sie baten ihn, ihnen neue Kleider zu kaufen
彼らは彼に新しい服を買ってくれるように頼んだ
Kleider, Bänder und allerlei Kleinigkeiten
ドレス、リボン、その他いろいろな小物
aber die Schönheit verlangte nichts
しかし美しさは何も求めなかった
weil sie dachte, das Geld würde nicht reichen
お金が足りないと思ったから
es würde nicht reichen, um alles zu kaufen, was ihre Schwestern wollten
姉妹が欲しがるもの全てを買うには十分ではないだろう
„Was möchtest du, Schönheit?", fragte ihr Vater
「お嬢さん、何がほしい？」と父親は尋ねた。
"Danke, Vater, dass du so nett bist, an mich zu denken", sagte sie
「お父さん、私のことを思ってくれてありがとう」と彼女は言った
„Vater, sei so freundlich und bring mir eine Rose mit"
「お父さん、どうか私にバラを持ってきてください」
„weil hier im Garten keine Rosen wachsen"
「ここの庭にはバラが育たないから」
„und Rosen sind eine Art Rarität"
「そしてバラは一種の希少品です」
Schönheit mochte Rosen nicht wirklich
美人はバラをあまり気にしていなかった
sie bat nur um etwas, um ihre Schwestern nicht zu verurteilen
彼女はただ姉妹を非難しないよう求めただけだった
aber ihre Schwestern dachten, sie hätte aus anderen Gründen nach Rosen gefragt
しかし、彼女の姉妹は彼女がバラを求めた理由は他にもあると考えていた
„Sie hat es nur getan, um besonders auszusehen"
「彼女は特別に見えるためにそれをしただけ」
Der freundliche Mann machte sich auf die Reise
親切な男は旅に出た

aber als er ankam, stritten sie über die Ware
しかし彼が到着すると彼らは商品について議論した
und nach viel Ärger kam er genauso arm zurück wie zuvor
そして多くの苦労の末、彼は以前と同じように貧乏になって帰ってきた
er war nur ein paar Stunden von seinem eigenen Haus entfernt
彼は自分の家から数時間以内のところにいた
und er stellte sich schon die Freude vor, seine Kinder zu sehen
そして彼はすでに子供たちに会える喜びを想像していた
aber als er durch den Wald ging, verirrte er sich
しかし森を抜ける途中で道に迷ってしまった
es hat furchtbar geregnet und geschneit
ひどい雨と雪が降った
der Wind war so stark, dass er ihn vom Pferd warf
風が強すぎて彼は馬から投げ出された
und die Nacht kam schnell
そして夜が急速に近づいてきた
er begann zu glauben, er müsse verhungern
彼は飢え死にするかもしれないと考え始めた
und er dachte, er könnte erfrieren
そして彼は凍死するかもしれないと思った
und er dachte, Wölfe könnten ihn fressen
そして彼はオオカミに食べられてしまうかもしれないと思った
die Wölfe, die er um sich herum heulen hörte
周囲で狼の遠吠えが聞こえた
aber plötzlich sah er ein Licht
しかし突然、彼は光を見た
er sah das Licht in der Ferne durch die Bäume
彼は木々の間から遠くの光を見た
als er näher kam, sah er, dass das Licht ein Palast war
近づくと、その光は宮殿であることが分かった
der Palast war von oben bis unten beleuchtet

宮殿は上から下まで照らされていた
Der Kaufmann dankte Gott für sein Glück
商人は幸運を神に感謝した
und er eilte zum Palast
そして彼は宮殿へ急いだ
aber er war überrascht, keine Leute im Palast zu sehen
しかし、宮殿に人がいないことに驚いた。
der Hof war völlig leer
中庭は完全に空っぽだった
und nirgendwo ein Lebenszeichen
どこにも生命の兆候はなかった
sein Pferd folgte ihm in den Palast
彼の馬は彼を追って宮殿に入った
und dann fand sein Pferd großen Stall
そして彼の馬は大きな馬小屋を見つけた
das arme Tier war fast verhungert
かわいそうな動物はほとんど飢えていました
also ging sein Pferd hinein, um Heu und Hafer zu finden
そこで彼の馬は干し草とオート麦を探しに行きました
zum Glück fand er reichlich zu essen
幸運にも彼は食べるものをたくさん見つけた
und der Kaufmann band sein Pferd an die Krippe
そして商人は馬を飼い葉桶に繋ぎました
Als er zum Haus ging, sah er niemanden
家に向かって歩いていると誰もいなかった
aber in einer großen Halle fand er ein gutes Feuer
しかし、大きなホールで彼は良い火を見つけた
und er fand einen Tisch für eine Person gedeckt
そして彼は一人用のテーブルを見つけた
er war nass vom Regen und Schnee
彼は雨と雪で濡れていた
Also ging er zum Feuer, um sich abzutrocknen
そこで彼は体を乾かすために火のそばへ行った
„Ich hoffe, der Hausherr entschuldigt mich"
「家の主人が私を許してくれることを願っています」

„Ich schätze, es wird nicht lange dauern, bis jemand auftaucht."
「誰かが現れるまで、そう時間はかからないだろう」
Er wartete eine beträchtliche Zeit
彼はかなり長い間待った

er wartete, bis es elf schlug, und noch immer kam niemand
彼は11時を待ったが、誰も来なかった
Schließlich war er so hungrig, dass er nicht länger warten konnte
ついに彼はあまりにも空腹になり、もう待てなくなった。
er nahm ein Hühnchen und aß es in zwei Bissen
彼は鶏肉を少し取って二口で食べた
er zitterte beim Essen
彼は食べ物を食べながら震えていた
danach trank er ein paar Gläser Wein
その後彼はワインを数杯飲んだ
Er wurde mutiger und verließ den Saal
彼は勇気を出してホールから出て行った
und er durchquerte mehrere große Hallen
そして彼はいくつかの大きなホールを通り抜けた
Er ging durch den Palast, bis er in eine Kammer kam
彼は宮殿を歩き、ある部屋に入った。
eine Kammer, in der sich ein überaus gutes Bett befand
非常に良いベッドのある部屋
er war von der Tortur sehr erschöpft
彼は苦難のせいでとても疲れていた
und es war schon nach Mitternacht
そして時刻はすでに真夜中を過ぎていた
also beschloss er, dass es das Beste sei, die Tür zu schließen
そこで彼はドアを閉めるのが一番良いと判断した
und er beschloss, dass er zu Bett gehen sollte
そして彼は寝るべきだと結論した
Es war zehn Uhr morgens, als der Kaufmann aufwachte
商人が目を覚ましたのは午前10時だった

gerade als er aufstehen wollte, sah er etwas
立ち上がろうとした瞬間、彼は何かを見た
er war erstaunt, saubere Kleidung zu sehen
彼はきれいな服を見て驚いた
an der Stelle, wo er seine schmutzigen Kleider
zurückgelassen hatte
彼が汚れた服を置いた場所に
"Mit Sicherheit gehört dieser Palast einer netten Fee"
「確かにこの宮殿はある種の妖精の所有物だ」
„eine Fee, die mich gesehen und bemitleidet hat"
「私を見て哀れんだ妖精」
er sah durch ein Fenster
彼は窓から外を見た
aber statt Schnee sah er den herrlichsten Garten
しかし雪の代わりに彼はとても美しい庭園を見た
und im Garten waren die schönsten Rosen
庭には美しいバラが咲いていました
dann kehrte er in die große Halle zurück
彼はその後大広間に戻った
der Saal, in dem er am Abend zuvor Suppe gegessen hatte
彼が前夜スープを食べたホール
und er fand etwas Schokolade auf einem kleinen Tisch
そして小さなテーブルの上にチョコレートを見つけた
„Danke, liebe Frau Fee", sagte er laut
「ありがとう、優しい妖精さん」と彼は声を出して言った。
„Danke für Ihre Fürsorge"
「とても気遣ってくれてありがとう」
„Ich bin Ihnen für all Ihre Gefälligkeiten äußerst dankbar"
「あなたのご厚意に心から感謝いたします」
Der freundliche Mann trank seine Schokolade
親切な男はチョコレートを飲んだ
und dann ging er sein Pferd suchen
そして彼は馬を探しに行きました
aber im Garten erinnerte er sich an die Bitte der Schönheit

しかし庭で彼は美女の願いを思い出した
und er schnitt einen Rosenzweig ab
そして彼はバラの枝を切り落とした
sofort hörte er ein lautes Geräusch
すぐに大きな音が聞こえた
und er sah ein furchtbar furchtbares Tier
そして彼は恐ろしく恐ろしい獣を見た
er war so erschrocken, dass er kurz davor war, ohnmächtig zu werden
彼はとても怖かったので気を失いそうだった
„Du bist sehr undankbar", sagte das Tier zu ihm
「あなたは本当に恩知らずだ」と獣は彼に言った。
und das Tier sprach mit schrecklicher Stimme
そして獣は恐ろしい声で言った
„Ich habe dein Leben gerettet, indem ich dich in mein Schloss gelassen habe"
「私はあなたを城に入れることであなたの命を救った」
"und dafür stiehlst du mir im Gegenzug meine Rosen?"
「そしてそのお返しに私のバラを盗んだの?」
„Die Rosen sind für mich mehr wert als alles andere"
「私が何よりも大切にしているバラ」
„Aber du wirst für das, was du getan hast, sterben"
「しかし、あなたがしたことに対してあなたは死ぬことになるでしょう」
„Ich gebe Ihnen nur eine Viertelstunde, um sich vorzubereiten"
「準備に15分しか与えない」
„Bereiten Sie sich auf den Tod vor und sprechen Sie Ihre Gebete"
「死に備えて祈りを捧げなさい」
der Kaufmann fiel auf die Knie
商人はひざまずいた
und er hob beide Hände
そして彼は両手を挙げた
„Mein Herr, ich flehe Sie an, mir zu vergeben"

「主よ、どうか私をお許しください」
„Ich hatte nicht die Absicht, Sie zu beleidigen"
「あなたを怒らせるつもりはなかった」
„Ich habe für eine meiner Töchter eine Rose gepflückt"
「娘のためにバラを摘みました」
„Sie bat mich, ihr eine Rose mitzubringen"
「彼女は私にバラを持って来るように頼みました」
„Ich bin nicht euer Herr, sondern ein Tier", antwortete das Monster
「私はあなたの主ではありませんが、私は獣です」と怪物は答えました
„Ich mag keine Komplimente"
「私は褒め言葉が好きではない」
„Ich mag Menschen, die so sprechen, wie sie denken"
「私は自分の考えをそのまま話す人が好きです」
„glauben Sie nicht, dass ich durch Schmeicheleien bewegt werden kann"
「私がお世辞に心を動かされるとは思わないで」
„Aber Sie sagen, Sie haben Töchter"
「でも、あなたには娘がいるとおっしゃいますね」
„Ich werde dir unter einer Bedingung vergeben"
「一つの条件で許してあげるよ」
„Eine deiner Töchter muss freiwillig in meinen Palast kommen"
「あなたの娘の一人が私の宮殿に喜んで来なければなりません」
"und sie muss für dich leiden"
「そして彼女はあなたのために苦しまなければならない」
„Gib mir Dein Wort"
「あなたの言葉を聞いてください」
„Und dann können Sie Ihren Geschäften nachgehen"
「それから、自分の仕事に取り掛かってください」
„Versprich mir das:"
「私にこれを約束してください」

„Wenn Ihre Tochter sich weigert, für Sie zu sterben, müssen Sie innerhalb von drei Monaten zurückkehren"
「もしあなたの娘があなたのために死ぬことを拒否するなら、あなたは3ヶ月以内に帰って来なければなりません」
der Kaufmann hatte nicht die Absicht, seine Töchter zu opfern
商人は娘たちを犠牲にするつもりはなかった
aber da ihm Zeit gegeben wurde, wollte er seine Töchter noch einmal sehen
しかし、時間ができたので、もう一度娘たちに会いたかったのです
also versprach er, dass er zurückkehren würde
彼は戻ってくると約束した
und das Tier sagte ihm, er könne aufbrechen, wann er wolle
そして獣は彼に、いつでも出発していいと言った
und das Tier erzählte ihm noch etwas
そして獣はもう一つのことを彼に告げた
„Du sollst nicht mit leeren Händen gehen"
「空手で出発してはならない」
„Geh zurück in das Zimmer, in dem du lagst"
「横になっていた部屋に戻りなさい」
„Sie werden eine große leere Schatzkiste sehen"
「大きな空の宝箱が見えるでしょう」
„Fülle die Schatzkiste mit allem, was Dir am besten gefällt"
「宝箱に一番好きなものを詰め込んでください」
„und ich werde die Schatzkiste zu Dir nach Hause schicken"
「そして宝箱をあなたの家に送ります」
und gleichzeitig zog sich das Tier zurück
そして同時に獣は退いた
„Nun", sagte sich der gute Mann
「そうだな」と善良な男は独り言を言った
„Wenn ich sterben muss, werde ich meinen Kindern wenigstens etwas hinterlassen"
「もし私が死ななければならないなら、少なくとも子供

たちに何かを残すだろう」
so kehrte er ins Schlafzimmer zurück
そこで彼は寝室に戻った
und er fand sehr viele Goldstücke
そして彼はたくさんの金貨を見つけた
er füllte die Schatzkiste, die das Tier erwähnt hatte
彼は獣が言っていた宝箱を満たした
und er holte sein Pferd aus dem Stall
そして彼は馬小屋から馬を連れ出した
die Freude, die er beim Betreten des Palastes empfand, war nun genauso groß wie die Trauer, die er beim Verlassen des Palastes empfand
宮殿に入るときに感じた喜びは、宮殿を出るときに感じた悲しみと同等だった。
Das Pferd nahm einen der Wege im Wald
馬は森の道の一つを進んだ
und in wenigen Stunden war der gute Mann zu Hause
そして数時間後、その善良な男は家に帰った
seine Kinder kamen zu ihm
彼の子供たちが彼のもとに来た
aber anstatt ihre Umarmungen mit Freude entgegenzunehmen, sah er sie an
しかし、彼は喜んで彼らの抱擁を受け入れる代わりに、彼らを見つめた
er hielt den Ast hoch, den er in den Händen hielt
彼は手に持っていた枝を持ち上げました
und dann brach er in Tränen aus
そして彼は泣き出した
„Schönheit", sagte er, „nimm bitte diese Rosen"
「美しい」と彼は言った。「このバラを受け取ってください」
„Sie können nicht wissen, wie teuer diese Rosen waren"
「このバラがどれだけ高価だったかは分からないだろう」
„Diese Rosen haben deinen Vater das Leben gekostet"

「このバラのせいであなたのお父さんは命を落としたのです」
und dann erzählte er von seinem tödlichen Abenteuer
そして彼は致命的な冒険について語った
Sofort schrien die beiden ältesten Schwestern
すぐに二人の姉が叫びました
und sie sagten viele gemeine Dinge zu ihrer schönen Schwester
そして彼らは美しい妹に多くの意地悪なことを言った
aber die Schönheit weinte überhaupt nicht
しかし美女は全く泣かなかった
„Seht euch den Stolz dieses kleinen Schurken an", sagten sie
「あの小悪魔のプライドを見てみろ」と彼らは言った
„Sie hat nicht nach schönen Kleidern gefragt"
「彼女は高級な服を求めなかった」
„Sie hätte tun sollen, was wir getan haben"
「彼女も私たちと同じことをすべきだった」
„Sie wollte sich hervortun"
「彼女は自分を目立たせたかった」
„so wird sie nun den Tod unseres Vaters bedeuten"
「それで今、彼女は私たちの父の死となるでしょう」
„und doch vergießt sie keine Träne"
「それでも彼女は涙を流さない」
"Warum sollte ich weinen?", antwortete die Schönheit
「なぜ泣かなければならないの？」と美女は答えた
„Weinen wäre völlig unnötig"
「泣くことは全く無意味だ」
„Mein Vater wird nicht für mich leiden"
「父は私のために苦しむことはない」
„Das Monster wird eine seiner Töchter akzeptieren"
「怪物は娘の一人を受け入れるだろう」
„Ich werde mich seiner ganzen Wut aussetzen"
「私は彼の怒りに身を捧げるつもりだ」
„Ich bin sehr glücklich, denn mein Tod wird das Leben meines Vaters retten"

「私の死が父の命を救うことになるので、私はとても幸せです」
„Mein Tod wird ein Beweis meiner Liebe sein"
「私の死は私の愛の証拠となるでしょう」
„Nein, Schwester", sagten ihre drei Brüder
「いいえ、姉さん」と彼女の3人の兄弟は言った。
„das darf nicht sein"
「それはあってはならない」
„Wir werden das Monster finden"
「モンスターを探しに行こう」
"und entweder wir werden ihn töten..."
「そして我々は彼を殺すことになるだろう…」
„... oder wir werden bei dem Versuch umkommen"
「…さもなければ、我々はその試みで滅びるだろう」
„Stellt euch nichts dergleichen vor, meine Söhne", sagte der Kaufmann
「そんなことは想像しないでくれ、息子たちよ」と商人は言った。
„Die Kraft des Biests ist so groß, dass ich keine Hoffnung habe, dass Ihr es besiegen könntet."
「獣の力は強大なので、あなたがそれを打ち負かす望みはない」
„Ich bin entzückt von dem freundlichen und großzügigen Angebot der Schönheit"
「私は美しさの優しく寛大な申し出に魅了されています」
„aber ich kann ihre Großzügigkeit nicht annehmen"
「しかし私は彼女の寛大さを受け入れることはできない」
„Ich bin alt und habe nicht mehr lange zu leben"
「私は年老いており、長く生きられない」
„also kann ich nur ein paar Jahre verlieren"
「だから、失うのは数年だけ」
„Zeit, die ich für euch bereue, meine lieben Kinder"
「私の愛しい子供たちよ、あなたたちにとって残念な時

間」
„Aber Vater", sagte die Schönheit
「でもお父さん」美女は言った
„Du sollst nicht ohne mich in den Palast gehen"
「私なしで宮殿へ行ってはいけない」
„Du kannst mich nicht davon abhalten, dir zu folgen"
「私があなたを追いかけるのを止めることはできない」
nichts könnte Schönheit vom Gegenteil überzeugen
そうでなければ美を納得させることはできない
Sie bestand darauf, in den schönen Palast zu gehen
彼女は立派な宮殿に行くことを主張した
und ihre Schwestern waren erfreut über ihre Beharrlichkeit
そして彼女の姉妹たちは彼女の主張に大喜びしました
Der Kaufmann war besorgt bei dem Gedanken, seine Tochter zu verlieren
商人は娘を失うかもしれないと心配した
er war so besorgt, dass er die Truhe voller Gold vergessen hatte
彼は心配しすぎて、金が詰まった箱のことを忘れていた。
Abends begab er sich zur Ruhe und schloss die Tür seines Zimmers.
夜、彼は休むために部屋のドアを閉めた。
Dann fand er zu seinem großen Erstaunen den Schatz neben seinem Bett.
そして驚いたことに、彼はベッドサイドに宝物を見つけた。
er war entschlossen, es seinen Kindern nicht zu erzählen
彼は子供たちに言わないと決心した
Wenn sie es gewusst hätten, wären sie in die Stadt zurückgekehrt
もし知っていたら、彼らは町に戻りたかっただろう
und er war entschlossen, das Land nicht zu verlassen
そして彼は田舎を離れないことを決意した
aber er vertraute der Schönheit das Geheimnis
しかし彼は美しさに秘密を託した

Sie teilte ihm mit, dass zwei Herren gekommen seien
彼女は二人の紳士が来たと彼に伝えた
und sie machten ihren Schwestern einen Heiratsantrag
そして彼らは彼女の姉妹にプロポーズをした
Sie bat ihren Vater, ihrer Heirat zuzustimmen
彼女は父親に結婚の同意を懇願した
und sie bat ihn, ihnen etwas von seinem Vermögen zu geben
そして彼女は彼に財産の一部を寄付するよう頼んだ
sie hatte ihnen bereits vergeben
彼女はすでに彼らを許していた
Die bösen Kreaturen rieben ihre Augen mit Zwiebeln
邪悪な生き物たちはタマネギで目をこすった
um beim Abschied von der Schwester ein paar Tränen zu vergießen
妹と別れるときに涙を流すために
aber ihre Brüder waren wirklich besorgt
しかし彼女の兄弟たちは本当に心配していた
Schönheit war die einzige, die keine Tränen vergoss
美女だけが涙を流さなかった
sie wollte ihr Unbehagen nicht vergrößern
彼女は彼らの不安を増大させたくなかった
Das Pferd nahm den direkten Weg zum Palast
馬は宮殿への直行道を進んだ
und gegen Abend sahen sie den erleuchteten Palast
そして夕方になると、彼らは明かりの灯った宮殿を見た
das Pferd begab sich wieder in den Stall
馬は再び馬小屋に戻った
und der gute Mann und seine Tochter gingen in die große Halle
そして善良な男と娘は大広間に入った
hier fanden sie einen herrlich gedeckten Tisch
ここで彼らは豪華な料理が並べられたテーブルを見つけた
der Kaufmann hatte keinen Appetit zu essen
商人は食べる気がなかった

aber die Schönheit bemühte sich, fröhlich zu erscheinen
しかし、美人は明るく見えるよう努めた
sie setzte sich an den Tisch und half ihrem Vater
彼女はテーブルに座り、父親を手伝った
aber sie dachte auch bei sich:
しかし、彼女はまたこうも思いました。
„Das Biest will mich sicher mästen, bevor es mich frisst"
「獣はきっと私を食べる前に太らせたいのだろう」
„deshalb sorgt er für so viel Unterhaltung"
「だからこそ彼はこんなにも豊富なエンターテイメントを提供しているのです」
Nachdem sie gegessen hatten, hörten sie ein großes Geräusch
彼らが食事を終えると大きな音が聞こえた
und der Kaufmann verabschiedete sich mit Tränen in den Augen von seinem unglücklichen Kind
そして商人は目に涙を浮かべながら、不幸な子供に別れを告げた。
weil er wusste, dass das Biest kommen würde
獣が来ることを知っていたから
Die Schönheit war entsetzt über seine schreckliche Gestalt
美女は彼の恐ろしい姿に恐怖した
aber sie nahm ihren Mut zusammen, so gut sie konnte
しかし彼女はできる限りの勇気を出した
und das Monster fragte sie, ob sie freiwillig mitkäme
そして怪物は彼女に、自ら来たのかと尋ねた
"ja, ich bin freiwillig gekommen", sagte sie zitternd
「はい、喜んで来ました」と彼女は震えながら言った。
Das Tier antwortete: „Du bist sehr gut"
獣は答えた、「あなたはとても良い人だ」
„und ich bin Ihnen zu großem Dank verpflichtet, ehrlicher Mann"
「そして私はあなたにとても感謝しています。正直者よ」
„Geht morgen früh eure Wege"

「明日の朝、行きなさい」
„aber denk nie daran, wieder hierher zu kommen"
「しかし、二度とここに来ることは考えない」
„Lebe wohl, Schönheit, lebe wohl, Biest", antwortete er
「さようなら美女、さようなら野獣」と彼は答えた
und sofort zog sich das Monster zurück
そしてすぐに怪物は退散した
"Oh, Tochter", sagte der Kaufmann
「ああ、娘さん」と商人は言った
und er umarmte seine Tochter noch einmal
そして彼はもう一度娘を抱きしめた
„Ich habe fast Todesangst"
「死ぬほど怖いです」
„glauben Sie mir, Sie sollten lieber zurückgehen"
「信じてください、戻った方がいいですよ」
„Lass mich hier bleiben, statt dir"
「あなたの代わりに、私がここにいさせてください」
„Nein, Vater", sagte die Schönheit entschlossen
「いいえ、お父さん」と美女は毅然とした口調で言った
。
„Du sollst morgen früh aufbrechen"
「明日の朝出発してください」
„überlasse mich der Obhut und dem Schutz der Vorsehung"
「神の配慮と保護に私を任せてください」
trotzdem gingen sie zu Bett
それでも彼らは寝た
Sie dachten, sie würden die ganze Nacht kein Auge zutun
彼らは一晩中目を閉じないだろうと思っていた
aber als sie sich hinlegten, schliefen sie ein
しかし彼らは横になるとすぐに眠ってしまった
Die Schönheit träumte, eine schöne Dame kam und sagte zu ihr:
美女は、美しい女性がやって来てこう言う夢を見ました
。
„Ich bin zufrieden, Schönheit, mit deinem guten Willen"

「美しい人よ、あなたの善意に私は満足しています」
„Diese gute Tat von Ihnen wird nicht unbelohnt bleiben"
「あなたのこの善行は報われないことはないだろう」
Die Schöne erwachte und erzählte ihrem Vater ihren Traum
美女は目を覚まし、父親に夢を話した
der Traum tröstete ihn ein wenig
その夢は彼を少し慰めてくれた
aber er konnte nicht anders, als bitterlich zu weinen, als er ging
しかし彼は去る時に激しく泣かずにはいられなかった
Sobald er weg war, setzte sich Schönheit in die große Halle und weinte ebenfalls
彼が去るとすぐに、美女も大広間に座り込み、泣きました
aber sie beschloss, sich keine Sorgen zu machen
しかし彼女は不安にならないように決心した
Sie beschloss, in der kurzen Zeit, die ihr noch zu leben blieb, stark zu sein
彼女は残されたわずかな人生のために強くなろうと決心した
weil sie fest davon überzeugt war, dass das Biest sie fressen würde
彼女は獣が自分を食べると固く信じていたので
Sie dachte jedoch, sie könnte genauso gut den Palast erkunden
しかし、彼女は宮殿を探検してみるのもいいかもしれないと思った
und sie wollte das schöne Schloss besichtigen
そして彼女は美しい城を見たいと思った
ein Schloss, das sie bewundern musste
彼女が思わず感嘆した城
Es war ein wunderbar angenehmer Palast
それはとても楽しい宮殿でした
und sie war äußerst überrascht, als sie eine Tür sah
彼女はドアを見てとても驚きました
und über der Tür stand, dass es ihr Zimmer sei

ドアの上には彼女の部屋と書かれていた
sie öffnete hastig die Tür
彼女は急いでドアを開けた
und sie war ganz geblendet von der Pracht des Raumes
彼女はその部屋の素晴らしさにすっかり魅了されてしまいました
was ihre Aufmerksamkeit vor allem auf sich zog, war eine große Bibliothek
彼女の関心を最も惹きつけたのは大きな図書館だった
ein Cembalo und mehrere Notenbücher
ハープシコードと数冊の音楽本
„Nun", sagte sie zu sich selbst
「そうね」と彼女は自分に言った
„Ich sehe, das Biest wird meine Zeit nicht verstreichen lassen"
「獣は私の時間を重くしてはくれないだろう」
dann dachte sie über ihre Situation nach
そして彼女は自分の状況について考えた
„Wenn ich einen Tag bleiben sollte, wäre das alles nicht hier"
「もし私がここに1日滞在するつもりだったなら、これはすべてここにはなかったでしょう」
diese Überlegung gab ihr neuen Mut
この考えは彼女に新たな勇気を与えた
und sie nahm ein Buch aus ihrer neuen Bibliothek
そして彼女は新しい図書館から本を取り出しました
und sie las diese Worte in goldenen Buchstaben:
そして彼女は金色の文字でこれらの言葉を読みました。
„Begrüße Schönheit, vertreibe die Angst"
「美を歓迎し、恐怖を追い払おう」
„Du bist hier Königin und Herrin"
「あなたはここでは女王であり女主人です」
„Sprich deine Wünsche aus, sprich deinen Willen aus"
「あなたの願いを語りなさい、あなたの意志を語りなさい」

„Schneller Gehorsam begegnet hier Ihren Wünschen"
「ここでは素早い服従があなたの願いを満たします」
"Ach", sagte sie mit einem Seufzer
「ああ」と彼女はため息をつきながら言った。
„Am meisten wünsche ich mir, meinen armen Vater zu sehen"
「何よりも、私はかわいそうな父に会いたいのです」
„und ich würde gerne wissen, was er tut"
「そして彼が何をしているのか知りたいのです」
Kaum hatte sie das gesagt, bemerkte sie den Spiegel
彼女がそう言うとすぐに鏡に気づいた
zu ihrem großen Erstaunen sah sie ihr eigenes Zuhause im Spiegel
彼女は鏡に映った自分の家を見てとても驚いた。
Ihr Vater kam emotional erschöpft an
彼女の父親は精神的に疲れ果てて到着した
Ihre Schwestern gingen ihm entgegen
彼女の姉妹は彼に会いに行った
trotz ihrer Versuche, traurig zu wirken, war ihre Freude sichtbar
彼らは悲しそうに見せようとしていたが、喜びは目に見えた。
einen Moment später war alles verschwunden
一瞬後、すべてが消えた
und auch die Befürchtungen der Schönheit verschwanden
そして美に対する不安も消えた
denn sie wusste, dass sie dem Tier vertrauen konnte
彼女は獣を信頼できると知っていた
Mittags fand sie das Abendessen fertig
正午に彼女は夕食の準備ができていることに気づいた
sie setzte sich an den Tisch
彼女はテーブルに座った
und sie wurde mit einem Musikkonzert unterhalten
そして彼女は音楽コンサートで楽しませられた
obwohl sie niemanden sehen konnte
彼女は誰にも会えなかったが

abends setzte sie sich wieder zum Abendessen
夜、彼女は再び夕食に着席した
diesmal hörte sie das Geräusch, das das Tier machte
今度は獣が立てた音を聞いた
und sie konnte nicht anders, als Angst zu haben
そして彼女は恐怖を感じずにはいられなかった
"Schönheit", sagte das Monster
「美しい」と怪物は言った
"erlaubst du mir, mit dir zu essen?"
「一緒に食事をしてもいいですか？」
"Mach, was du willst", antwortete die Schönheit zitternd
「好きなようにしてください」美女は震えながら答えた
„Nein", antwortete das Tier
「いいえ」獣は答えた
„Du allein bist hier die Herrin"
「ここの女主人はあなただけです」
„Sie können mich wegschicken, wenn ich Ärger mache"
「面倒なら追い払ってもいいよ」
„schick mich fort, und ich werde mich sofort zurückziehen"
「私を追い払ってください。そうすればすぐに撤退します」
„Aber sagen Sie mir: Finden Sie mich nicht sehr hässlich?"
「でも、教えてください。あなたは私がとても醜いとは思いませんか？」
„Das stimmt", sagte die Schönheit
「それは本当よ」と美女は言った
„Ich kann nicht lügen"
「嘘はつけない」
„aber ich glaube, Sie sind sehr gutmütig"
「でも、あなたはとても優しい人だと思います」
„Das bin ich tatsächlich", sagte das Monster
「確かにそうだ」と怪物は言った
„Aber abgesehen von meiner Hässlichkeit habe ich auch keinen Verstand"
「しかし、私の醜さは別として、私には分別がないので

す」
„Ich weiß sehr wohl, dass ich ein dummes Wesen bin"
「私は自分が愚かな生き物だということをよく知っています」
„Es ist kein Zeichen von Torheit, so zu denken", antwortete die Schönheit
「そう考えるのは愚かなことではありません」と美女は答えた。
„Dann iss, Schönheit", sagte das Monster
「じゃあ食べなさいよ、美人さん」と怪物は言った
„Versuchen Sie, sich in Ihrem Palast zu amüsieren"
「宮殿で楽しんでみてください」
"alles hier gehört dir"
「ここにあるものはすべてあなたのものです」
„Und ich wäre sehr unruhig, wenn Sie nicht glücklich wären"
「あなたが幸せでなかったら、私はとても不安になるでしょう」
„Sie sind sehr zuvorkommend", antwortete die Schönheit
「とても親切ですね」と美女は答えた。
„Ich gebe zu, ich freue mich über Ihre Freundlichkeit"
「あなたの優しさに嬉しく思います」
„Und wenn ich über deine Freundlichkeit nachdenke, fallen mir deine Missbildungen kaum auf"
「あなたの優しさを考えると、あなたの欠点はほとんど気になりません」
„Ja, ja", sagte das Tier, „mein Herz ist gut
「そうだ、そうだ」と獣は言った。「私の心は良い
„Aber obwohl ich gut bin, bin ich immer noch ein Monster"
「しかし、私は善良ではあるが、それでも怪物だ」
„Es gibt viele Männer, die diesen Namen mehr verdienen als Sie."
「あなたよりもその名にふさわしい男はたくさんいる」
„und ich bevorzuge dich, so wie du bist"
「そして私は、ありのままのあなたが好きです」

„und ich ziehe dich denen vor, die ein undankbares Herz verbergen"
「そして私は恩知らずの心を隠す人々よりもあなたが好きです」
"Wenn ich nur etwas Verstand hätte", antwortete das Biest
「もし私に分別があれば」と獣は答えた
„Wenn ich vernünftig wäre, würde ich Ihnen als Dank ein schönes Kompliment machen"
「もし私に分別があれば、あなたに感謝するために素晴らしい賛辞を述べるでしょう」
"aber ich bin so langweilig"
「でも私はとても退屈なの」
„Ich kann nur sagen, dass ich Ihnen zu großem Dank verpflichtet bin"
「あなたには大変感謝しているとしか言えません」
Schönheit aß ein herzhaftes Abendessen
美女はボリュームたっぷりの夕食を食べた
und sie hatte ihre Angst vor dem Monster fast überwunden
そして彼女は怪物に対する恐怖をほぼ克服した
aber sie wollte ohnmächtig werden, als das Biest ihr die nächste Frage stellte
しかし、獣が次の質問をしたとき、彼女は気を失いそうになった
"Schönheit, willst du meine Frau werden?"
「美人さん、私の妻になってくれませんか？」
es dauerte eine Weile, bis sie antworten konnte
彼女は答えるまでに少し時間がかかった
weil sie Angst hatte, ihn wütend zu machen
彼を怒らせるのが怖かったから
Schließlich sagte sie jedoch "nein, Biest"
しかし、ついに彼女は「ダメよ、獣」と言った。
sofort zischte das arme Monster ganz fürchterlich
すぐにそのかわいそうな怪物は恐ろしい声をあげた
und der ganze Palast hallte
そして宮殿全体に響き渡った
aber die Schönheit erholte sich bald von ihrem Schrecken

しかし美女はすぐに恐怖から立ち直った
denn das Tier sprach wieder mit trauriger Stimme
獣は再び悲しげな声で話した。
„Dann leb wohl, Schönheit"
「それではさようなら、美人さん」
und er drehte sich nur ab und zu um
そして彼は時々引き返すだけだった
um sie anzusehen, als er hinausging
出かけるときに彼女を見るために
jetzt war die Schönheit wieder allein
今、美は再び一人ぼっちになった
Sie empfand großes Mitgefühl
彼女は大きな同情を感じた
„Ach, es ist tausendmal schade"
「ああ、それは千の残念だ」
„Etwas, das so gutmütig ist, sollte nicht so hässlich sein"
「こんなに善良なものは、こんなに醜いはずがない」
Schönheit verbrachte drei Monate sehr zufrieden im Palast
美女は宮殿で3ヶ月間をとても満足して過ごした
jeden Abend stattete ihr das Biest einen Besuch ab
毎晩、獣は彼女を訪ねた
und sie redeten beim Abendessen
そして夕食中に彼らは話をした
Sie sprachen mit gesundem Menschenverstand
彼らは常識を持って話した
aber sie sprachen nicht mit dem, was man als geistreich bezeichnet
しかし彼らは、いわゆる機知に富んだ話し方をしなかった
Schönheit entdeckte immer einen wertvollen Charakter im Biest
美は常に獣の中に価値ある特徴を発見した
und sie hatte sich an seine Missbildung gewöhnt
そして彼女は彼の奇形に慣れていた
sie fürchtete sich nicht mehr vor seinem Besuch

彼女はもう彼の訪問を恐れていなかった
jetzt schaute sie oft auf die Uhr
彼女は今ではよく時計を見るようになった
und sie konnte es kaum erwarten, bis es neun Uhr war
そして彼女は9時になるのを待ちきれなかった
denn das Tier kam immer zu dieser Stunde
獣は必ずその時間にやって来るから
Es gab nur eine Sache, die Schönheit betraf
美しさに関することはただ一つだけだった
jeden Abend, bevor sie ins Bett ging, stellte ihr das Biest die gleiche Frage
毎晩寝る前に獣は同じ質問をした
Das Monster fragte sie, ob sie seine Frau werden wolle
怪物は彼女に妻になってくれるかと尋ねた
Eines Tages sagte sie zu ihm: „Biest, du machst mir große Sorgen."
ある日彼女は彼に言いました。「獣よ、あなたは私をとても不安にさせるわ」
„Ich wünschte, ich könnte einwilligen, dich zu heiraten"
「あなたと結婚することに同意できればいいのですが」
„Aber ich bin zu aufrichtig, um dir zu glauben zu machen, dass ich dich heiraten würde"
「でも、私はあなたと結婚するなんて信じさせるほど誠実ではない」
„Unsere Ehe wird nie stattfinden"
「私たちの結婚は決して実現しないだろう」
„Ich werde dich immer als Freund sehen"
「私はいつもあなたを友達として見ています」
„Bitte versuchen Sie, damit zufrieden zu sein"
「これで満足してみてください」
„Damit muss ich zufrieden sein", sagte das Tier
「これで満足しなくちゃ」と獣は言った
„Ich kenne mein eigenes Unglück"
「私は自分の不幸を知っている」
„aber ich liebe dich mit der zärtlichsten Zuneigung"

「でも私はあなたを心から愛しています」
„Ich sollte mich jedoch als glücklich betrachten"
「しかし、私は自分自身を幸せだと考えるべきだ」
"und ich würde mich freuen, wenn du hier bleibst"
「そしてあなたがここにいてくれることを私は嬉しく思います」
„versprich mir, mich nie zu verlassen"
「私を決して見捨てないと約束してください」
Schönheit errötete bei diesen Worten
美女はこの言葉を聞いて顔を赤らめた
Eines Tages schaute die Schönheit in ihren Spiegel
ある日、美女は鏡を見ていた
ihr Vater hatte sich schreckliche Sorgen um sie gemacht
彼女の父親は彼女のことを心配していた
sie sehnte sich mehr denn je danach, ihn wiederzusehen
彼女は今まで以上に彼にもう一度会いたいと願っていた
„Ich könnte versprechen, dich nie ganz zu verlassen"
「あなたを完全に見捨てることはないと約束できます」
„aber ich habe so ein großes Verlangen, meinen Vater zu sehen"
「でも、私は父に会いたいと強く願っているんです」
„Ich wäre unendlich verärgert, wenn Sie nein sagen würden"
「もしあなたがノーと言ったら、私はとんでもなく怒るでしょう」
"Ich würde lieber selbst sterben", sagte das Monster
「私は死んだほうがましだ」と怪物は言った
„Ich würde lieber sterben, als dir Unbehagen zu bereiten"
「不安を感じさせるくらいなら死んだほうがましだ」
„Ich werde dich zu deinem Vater schicken"
「私はあなたをあなたの父のところへ送ります」
„Du sollst bei ihm bleiben"
「あなたは彼と一緒にいなさい」
"und dieses unglückliche Tier wird stattdessen vor Kummer sterben"

「そしてこの不幸な獣は悲しみのうちに死ぬだろう」
"Nein", sagte die Schönheit weinend
「いいえ」美女は泣きながら言った
„Ich liebe dich zu sehr, um die Ursache deines Todes zu sein"
「私はあなたを愛しすぎていて、あなたの死の原因にはなり得ない」
„Ich verspreche Ihnen, in einer Woche wiederzukommen"
「一週間以内に戻ってくると約束します」
„Du hast mir gezeigt, dass meine Schwestern verheiratet sind"
「あなたは私の姉妹が結婚していることを教えてくれました」
„und meine Brüder sind zur Armee gegangen"
「そして私の兄弟は軍隊に行きました」
"Lass mich eine Woche bei meinem Vater bleiben, da er allein ist"
「父は独り身なので、一週間父のところに泊まらせてください」
"Morgen früh wirst du dort sein", sagte das Tier
「明日の朝にはそこにいるだろう」と獣は言った
„Aber denk an dein Versprechen"
「でも約束を忘れないで」
„Sie brauchen Ihren Ring nur auf den Tisch zu legen, bevor Sie zu Bett gehen."
「寝る前に指輪をテーブルの上に置くだけでいい」
"Und dann werdet ihr vor dem Morgen zurückgebracht"
「そして朝までには連れ戻されるでしょう」
„Lebe wohl, liebe Schönheit", seufzte das Tier
「さようなら、愛しい人よ」と獣はため息をついた。
Die Schönheit ging an diesem Abend sehr traurig ins Bett
美女はその夜とても悲しそうに眠りについた
weil sie das Tier nicht so besorgt sehen wollte
獣が心配しているのを見たくなかったから
am nächsten Morgen fand sie sich im Haus ihres Vaters wieder

翌朝、彼女は父親の家にいることに気づいた
sie läutete eine kleine Glocke neben ihrem Bett
彼女はベッドサイドの小さなベルを鳴らした
und das Dienstmädchen stieß einen lauten Schrei aus
メイドは大きな悲鳴をあげた
und ihr Vater rannte nach oben
そして彼女の父親は階段を駆け上がった
er dachte, er würde vor Freude sterben
彼は喜びのうちに死ぬだろうと思った
er hielt sie eine Viertelstunde lang in seinen Armen
彼は15分間彼女を抱きしめた
irgendwann waren die ersten Grüße vorbei
結局最初の挨拶は終わった
Schönheit begann daran zu denken, aus dem Bett zu steigen
美女はベッドから起き上がることを考え始めた
aber sie merkte, dass sie keine Kleidung mitgebracht hatte
しかし彼女は服を持ってこなかったことに気づいた
aber das Dienstmädchen sagte ihr, sie habe eine Kiste gefunden
しかしメイドは箱を見つけたと彼女に言った
der große Koffer war voller Kleider und Kleider
大きなトランクはガウンやドレスでいっぱいだった
jedes Kleid war mit Gold und Diamanten bedeckt
それぞれのドレスは金とダイヤモンドで覆われていた
Schönheit dankte dem Tier für seine freundliche Pflege
美女は野獣の優しい気遣いに感謝した。
und sie nahm eines der schlichtesten Kleider
そして彼女は最もシンプルなドレスの一つを選んだ
Die anderen Kleider wollte sie ihren Schwestern schenken
彼女は他のドレスを姉妹にあげるつもりだった
aber bei diesem Gedanken verschwand die Kleidertruhe
しかしその考えに、衣服の入った箱は消えた
Das Biest hatte darauf bestanden, dass die Kleidung nur für sie sei
獣は服は自分だけのものだと主張した

ihr Vater sagte ihr, dass dies der Fall sei
彼女の父親は彼女にこう言った
und sofort kam die Kleidertruhe wieder zurück
するとすぐに衣服の入ったトランクが戻ってきました
Schönheit kleidete sich mit ihren neuen Kleidern
美女は新しい服を着た
und in der Zwischenzeit gingen die Mägde los, um ihre Schwestern zu finden
そしてその間にメイドたちは彼女の姉妹を探しに行った
Ihre beiden Schwestern waren mit ihren Ehemännern
彼女の姉妹は二人とも夫と一緒にいた
aber ihre beiden Schwestern waren sehr unglücklich
しかし、彼女の姉妹は二人ともとても不幸でした
Ihre älteste Schwester hatte einen sehr gutaussehenden Herrn geheiratet
彼女の姉はとてもハンサムな紳士と結婚した
aber er war so selbstgefällig, dass er seine Frau vernachlässigte
しかし彼は自分自身を愛しすぎて妻を無視した
Ihre zweite Schwester hatte einen geistreichen Mann geheiratet
彼女の二番目の姉は気の利いた男と結婚した
aber er nutzte seinen Witz, um die Leute zu quälen
しかし彼はその機知を人々を苦しめるために使った
und am meisten quälte er seine Frau
そして彼は妻を最も苦しめた
Die Schwestern der Schönheit sahen sie wie eine Prinzessin gekleidet
美女の姉妹は彼女が王女のような服を着ているのを見た
und sie waren krank vor Neid
そして彼らは嫉妬に苛まれていた
jetzt war sie schöner als je zuvor
彼女は今、かつてないほど美しくなった
ihr liebevolles Verhalten konnte ihre Eifersucht nicht unterdrücken
彼女の愛情深い態度は彼らの嫉妬を抑えることができな

かった
Sie erzählte ihnen, wie glücklich sie mit dem Tier war
彼女は獣と一緒にいるのがどんなに幸せか彼らに話した
und ihre Eifersucht war kurz vor dem Platzen
そして彼らの嫉妬は爆発寸前だった
Sie gingen in den Garten, um über ihr Unglück zu weinen
彼らは庭に降りて、自分たちの不幸を嘆きました
„Inwiefern ist dieses kleine Geschöpf besser als wir?"
「この小さな生き物は、どんな点で私たちより優れているのでしょうか?」
„Warum sollte sie so viel glücklicher sein?"
「なぜ彼女はそんなに幸せになるべきなの?」
„Schwester", sagte die ältere Schwester
「姉さん」と姉は言った
„Mir ist gerade ein Gedanke gekommen"
「ある考えが頭に浮かんだ」
„Versuchen wir, sie länger als eine Woche hier zu behalten"
「彼女を1週間以上ここに留めておくように努力しましょう」
„Vielleicht macht das das dumme Monster wütend"
「おそらくこれは愚かな怪物を激怒させるだろう」
„weil sie ihr Wort gebrochen hätte"
「彼女は約束を破っただろうから」
"und dann könnte er sie verschlingen"
「そして彼は彼女を食い尽くすかもしれない」
"Das ist eine tolle Idee", antwortete die andere Schwester
「それは素晴らしい考えよ」ともう一人の姉妹は答えた。
„Wir müssen ihr so viel Freundlichkeit wie möglich entgegenbringen"
「私たちは彼女にできる限りの優しさを示さなければなりません」
Die Schwestern fassten den Entschluss
姉妹はこれを決意した
und sie verhielten sich sehr liebevoll gegenüber ihrer

Schwester
そして彼らは妹に対してとても愛情深く振る舞った
Die arme Schönheit weinte vor Freude über all ihre Freundlichkeit
貧しい美女は彼らの優しさに喜びの涙を流した
Als die Woche um war, weinten sie und rauften sich die Haare
1週間が過ぎると、彼らは泣きながら髪の毛をむしり取った。
es schien ihnen so leid zu tun, sich von ihr zu trennen
彼らは彼女と別れるのがとても残念に思えた
und die Schönheit versprach, noch eine Woche länger zu bleiben
そして美しさは1週間長く続くと約束した
In der Zwischenzeit konnte die Schönheit nicht umhin, über sich selbst nachzudenken
その間、美は自分自身を反省せずにはいられなかった
sie machte sich Sorgen darüber, was sie dem armen Tier antat
彼女はかわいそうな獣に何をしているのか心配した
Sie wusste, dass sie ihn aufrichtig liebte
彼女は心から彼を愛していたことを知っている
und sie sehnte sich wirklich danach, ihn wiederzusehen
そして彼女は本当に彼にもう一度会いたかった
Auch die zehnte Nacht verbrachte sie bei ihrem Vater
10日目の夜も彼女は父親の家で過ごした
sie träumte, sie sei im Schlossgarten
彼女は宮殿の庭にいる夢を見た
und sie träumte, sie sähe das Tier ausgestreckt im Gras liegen
そして彼女は夢の中で獣が草の上に伸びているのを見た
er schien ihr mit sterbender Stimme Vorwürfe zu machen
彼は死にそうな声で彼女を非難しているようだった
und er warf ihr Undankbarkeit vor
そして彼は彼女の恩知らずを非難した

Schönheit erwachte aus ihrem Schlaf
美女は眠りから目覚めた
und sie brach in Tränen aus
そして彼女は泣き出した
„Bin ich nicht sehr böse?"
「私はそんなに邪悪な人間ではないでしょうか？」
„War es nicht grausam von mir, so unfreundlich gegenüber dem Tier zu sein?"
「私が獣に対してこんなにも無慈悲な行為をしたのは残酷ではなかったでしょうか？」
„Das Biest hat alles getan, um mir zu gefallen"
「獣は私を喜ばせるためにあらゆることをした」
"Ist es seine Schuld, dass er so hässlich ist?"
「彼がこんなに醜いのは彼のせいですか？」
„Ist es seine Schuld, dass er so wenig Verstand hat?"
「彼がそんなに知恵がないのは彼のせいですか？」
„Er ist freundlich und gut, und das genügt"
「彼は優しくて良い人です。それで十分です」
„Warum habe ich mich geweigert, ihn zu heiraten?"
「なぜ私は彼との結婚を拒否したのか？」
„Ich sollte mit dem Monster glücklich sein"
「モンスターに満足するべきだ」
„Schau dir die Männer meiner Schwestern an"
「私の姉妹の夫たちを見てください」
„Weder Witz noch Schönheit machen sie gut"
「機知に富んでいるとか、ハンサムであるとかいうことは、彼らを善良にするわけではない」
„Keiner ihrer Ehemänner macht sie glücklich"
「どちらの夫も彼女たちを幸せにしてくれない」
„sondern Tugend, Sanftmut und Geduld"
「しかし、美徳、優しい気質、そして忍耐」
„Diese Dinge machen eine Frau glücklich"
「これらは女性を幸せにする」
„und das Tier hat all diese wertvollen Eigenschaften"
「そしてその獣はこれらすべての価値ある性質を持って

いる」
„es ist wahr, ich empfinde keine Zärtlichkeit und Zuneigung für ihn"
「それは本当です。私は彼に対して愛情の優しさを感じません」
„aber ich empfinde für ihn die allergrößte Dankbarkeit"
「しかし、私は彼に最大の感謝の気持ちを抱いています」
„und ich habe die höchste Wertschätzung für ihn"
「そして私は彼を最も尊敬しています」
"und er ist mein bester Freund"
「そして彼は私の親友です」
„Ich werde ihn nicht unglücklich machen"
「彼を不幸にはさせない」
„Wenn ich so undankbar wäre, würde ich mir das nie verzeihen"
「もし私がそんなに恩知らずだったら、私は自分自身を決して許さないだろう」
Schönheit legte ihren Ring auf den Tisch
美女は指輪をテーブルの上に置いた
und sie ging wieder zu Bett
そして彼女はまたベッドに横になった
kaum war sie im Bett, da schlief sie ein
彼女はベッドに入るとすぐに眠りに落ちた
Sie wachte am nächsten Morgen wieder auf
彼女は翌朝また目覚めた
und sie war überglücklich, sich im Palast des Tieres wiederzufinden
そして彼女は自分が野獣の宮殿にいることに大喜びしました
Sie zog eines ihrer schönsten Kleider an, um ihm zu gefallen
彼女は彼を喜ばせるために最も素敵なドレスを着た
und sie wartete geduldig auf den Abend
そして彼女は辛抱強く夕方を待った
kam die ersehnte Stunde

ついに待ち望んだ時が来た
die Uhr schlug neun, doch kein Tier erschien
時計は9時を打ったが、獣は現れなかった
Schönheit befürchtete dann, sie sei die Ursache seines Todes gewesen
美女は自分が彼の死の原因ではないかと恐れた
Sie rannte weinend durch den ganzen Palast
彼女は泣きながら宮殿中を走り回った
nachdem sie ihn überall gesucht hatte, erinnerte sie sich an ihren Traum
彼をあちこち探し回った後、彼女は夢を思い出した
und sie rannte zum Kanal im Garten
そして彼女は庭の運河まで走って行きました
Dort fand sie das arme Tier ausgestreckt
そこで彼女は哀れな獣が横たわっているのを見つけた
und sie war sicher, dass sie ihn getötet hatte
そして彼女は彼を殺したと確信した
sie warf sich ohne Furcht auf ihn
彼女は何の恐れもなく彼に飛びかかった
sein Herz schlug noch
彼の心臓はまだ動いていた
sie holte etwas Wasser aus dem Kanal
彼女は運河から水を汲んだ
und sie goss das Wasser über seinen Kopf
そして彼女は彼の頭に水を注ぎました
Das Tier öffnete seine Augen und sprach mit der Schönheit
野獣は目を開けて美女に話しかけた
„Du hast dein Versprechen vergessen"
「約束を忘れた」
„Es hat mir das Herz gebrochen, dich verloren zu haben"
「あなたを失ったことはとても悲しかった」
„Ich beschloss, zu hungern"
「私は飢え死にしようと決心した」
„aber ich habe das Glück, Sie wiederzusehen"
「でも、もう一度あなたに会えて幸せです」

„so habe ich das Vergnügen, zufrieden zu sterben"
「だから私は満足して死ぬ喜びを得る」
„Nein, liebes Tier", sagte die Schönheit, „du darfst nicht sterben"
「いいえ、愛しい獣よ」美女は言った。「あなたは死んではいけないわ」
„Lebe, um mein Ehemann zu sein"
「私の夫になるために生きてください」
„Von diesem Augenblick an reiche ich dir meine Hand"
「この瞬間から私はあなたに手を差し伸べます」
„und ich schwöre, niemand anderes als Dein zu sein"
「そして私はあなたのものになることを誓います」
„Ach! Ich dachte, ich hätte nur Freundschaft für dich."
「ああ！私はあなたとただの友情でいたいと思っていた」
"aber der Kummer, den ich jetzt fühle, überzeugt mich;"
「しかし、今私が感じている悲しみが私を納得させます。」
„Ich kann nicht ohne dich leben"
「あなたなしでは生きていけない」
Schönheit hatte diese Worte kaum gesagt, als sie ein Licht sah
美女が光を見たとき、彼女はこれらの言葉を言った
der Palast funkelte im Licht
宮殿は光で輝いていた
Feuerwerk erleuchtete den Himmel
花火が空を照らした
und die Luft erfüllt mit Musik
空気は音楽で満たされた
alles kündigte ein großes Ereignis an
すべてが大きな出来事を予告していた
aber nichts konnte ihre Aufmerksamkeit fesseln
しかし、彼女の注意を引くものは何もなかった
sie wandte sich ihrem lieben Tier zu
彼女は愛する獣に目を向けた

das Tier, vor dem sie vor Angst zitterte
彼女が恐怖に震えた獣
aber ihre Überraschung über das, was sie sah, war groß!
しかし、彼女は見たものにとても驚きました！
das Tier war verschwunden
獣は姿を消した
stattdessen sah sie den schönsten Prinzen
代わりに彼女は最も美しい王子様を見た
sie hatte den Zauber beendet
彼女は呪いを解いた
ein Zauber, unter dem er einem Tier ähnelte
彼を獣のような姿にした呪文
dieser Prinz war all ihre Aufmerksamkeit wert
この王子は彼女の注目に値する人物だった
aber sie konnte nicht anders und musste fragen, wo das Biest war
しかし彼女は獣がどこにいるのか尋ねずにはいられなかった
„Du siehst ihn zu deinen Füßen", sagte der Prinz
「あなたの足元に彼がいるのが見えますよ」と王子は言った
„Eine böse Fee hatte mich verdammt"
「邪悪な妖精が私を非難した」
„Ich sollte diese Gestalt behalten, bis eine wunderschöne Prinzessin einwilligte, mich zu heiraten."
「美しい王女が私と結婚するまで、私はその姿のままでいなければならなかった」
„Die Fee hat mein Verständnis verborgen"
「妖精は私の理解を隠した」
„Du warst der Einzige, der großzügig genug war, um von meiner guten Laune bezaubert zu sein."
「私の気質の良さに魅了されるほど寛大な人はあなただけだった」
Schönheit war angenehm überrascht
美人は嬉しい驚きを感じた

und sie gab dem bezaubernden Prinzen ihre Hand
そして彼女は魅力的な王子に手を差し出した
Sie gingen zusammen ins Schloss
彼らは一緒に城に入った
und die Schöne war überglücklich, ihren Vater im Schloss zu finden
美女は城で父親を見つけて大喜びしました
und ihre ganze Familie war auch da
彼女の家族全員もそこにいた
sogar die schöne Dame, die in ihrem Traum erschienen war, war da
夢に現れた美しい女性もそこにいた
"Schönheit", sagte die Dame aus dem Traum
「美しい」と夢の中の女性は言った
„Komm und empfange deine Belohnung"
「来て報酬を受け取ってください」
„Sie haben die Tugend dem Witz oder dem Aussehen vorgezogen"
「あなたは知恵や容姿よりも美徳を優先した」
„und Sie verdienen jemanden, in dem diese Eigenschaften vereint sind"
「そしてあなたは、これらの資質を兼ね備えた人に値するのです」
„Du wirst eine großartige Königin sein"
「あなたは偉大な女王になるでしょう」
„Ich hoffe, der Thron wird deine Tugend nicht schmälern"
「王位があなたの徳を損なわないことを願います」
Dann wandte sich die Fee an die beiden Schwestern
それから妖精は二人の姉妹のほうを向いた
„Ich habe in eure Herzen geblickt"
「私はあなたたちの心の中を見ました」
„und ich kenne die ganze Bosheit, die in euren Herzen steckt"
「そして私はあなたの心にある悪意をすべて知っています」
„Ihr beide werdet zu Statuen"

「あなたたち二人は彫像になるだろう」
„Aber ihr werdet euren Verstand bewahren"
「しかし、あなたは心を留めるでしょう」
„Du sollst vor den Toren des Palastes deiner Schwester stehen"
「あなたは妹の宮殿の門に立つでしょう」
„Das Glück deiner Schwester soll deine Strafe sein"
「妹の幸せがあなたの罰となる」
„Sie werden nicht in Ihren früheren Zustand zurückkehren können"
「以前の状態には戻れないだろう」
„es sei denn, Sie beide geben Ihre Fehler zu"
「ただし、二人とも自分の過ちを認めない限りは」
„Aber ich sehe voraus, dass ihr immer Statuen bleiben werdet"
「しかし、私はあなたがいつまでも彫像のままであると予見しています」
„Stolz, Zorn, Völlerei und Faulheit werden manchmal besiegt"
「プライド、怒り、貪欲、怠惰は、時には克服される」
„aber die Bekehrung neidischer und böswilliger Gemüter sind Wunder"
「しかし、嫉妬と悪意に満ちた心の改心は奇跡である」
sofort strich die Fee mit ihrem Zauberstab
すぐに妖精は杖で一撃を与えた
und im nächsten Augenblick waren alle im Saal entrückt
そして一瞬のうちにホールにいた全員が
Sie waren in die Herrschaftsgebiete des Fürsten eingedrungen
彼らは王子の領土に入っていた
die Untertanen des Prinzen empfingen ihn mit Freude
王子の臣下たちは喜んで彼を迎えた
der Priester heiratete die Schöne und das Biest
司祭は美女と野獣と結婚した
und er lebte viele Jahre mit ihr
そして彼は彼女と何年も一緒に暮らした

und ihr Glück war vollkommen
そして彼らの幸福は完璧だった
weil ihr Glück auf Tugend beruhte
彼らの幸福は徳に基づいていたから

Das Ende
終わり

www.tranzlaty.com

www.ingramcontent.com/pod-product-compliance
Lightning Source LLC
Chambersburg PA
CBHW011552070526
44585CB00023B/2556